Navid Kermani
Natan Sznaider

ISRAEL

Eine
Korrespondenz

Hanser

5. Auflage 2024

ISBN 978-3-446-28070-0
© 2023 Carl Hanser Verlag GmbH & Co. KG, München
Umschlag: Anzinger & Rasp, München
Satz: Sandra Hacke, Dachau
Druck und Bindung: Friedrich Pustet, Regensburg
Printed in Germany

MIX
Papier | Fördert
gute Waldnutzung
FSC® C014889

ISRAEL

Im Februar 2002 lernte der Schriftsteller und Orientalist Navid Kermani in Haifa den Soziologen Natan Sznaider kennen. Während Sznaider die Situation in Israel für das Feuilleton der Frankfurter Rundschau *verfolgte, hielt Kermani die Eindrücke seiner Reise in einer sechsteiligen Serie für die* Süddeutsche Zeitung *fest. Aus der wechselseitigen Vorablektüre und Korrektur ihrer Artikel entwickelte sich ein umfangreicher Schriftwechsel.*

Der eine von uns wachte am 7. Oktober in einer anderen Welt auf; entsetzt und verzweifelt sind schwache Worte, um es zu fassen. Der andere erkannte aus der Ferne den Schrecken wieder, der in den vergangenen zwei Jahrzehnten bereits über so viele Völker im Nahen Osten gekommen war. Wir suchten nach Worten und empfanden beide das Schweigen, in Tel Aviv und in Köln, ein Israeli und ein Deutscher, ein Deutscher und ein Iraner, ein Jude und ein Muslim. Langsam verstanden wir, was geschah, nicht der übliche Raketenalarm, kein antikolonialer Widerstand, sondern eine dschihadistische Invasion des Südens Israels und ein Gemetzel an Juden, wie es das seit der Schoah nicht mehr gegeben hatte. Eine erste WhatsApp-Nachricht von Köln nach Tel Aviv: Seid Ihr in Sicherheit, ist Euch etwas geschehen, Euren Angehörigen und Freunden? Ja, wir sind so weit in Sicherheit, ja, es ist etwas geschehen. Jeder hier kennt jemanden, der … Ihr auch? Ja, Freunde von uns, die Kinder … Wir sind alle unter Schockstarre, wir können kaum reden. Am 9. Oktober telefonierten wir miteinander, Worte des Zuspruchs und Fragen der Verzweiflung. Und wir erinnerten uns an unsere erste Begegnung im Frühjahr 2002: Wir trafen uns in der arabischen Altstadt von Haifa, gingen am Strand spazieren. Es waren schon damals dunkle Zeiten, kurz nach dem Scheitern des Camp-David-Abkommens, dem Amtsantritt des Hardliners Ariel Scharon als israelischer Ministerpräsident und dem Ausbruch der sogenannten Zweiten Intifada. Es war die Zeit, in der die Schikanierung der palästinensischen Bevölkerung in der Westbank und im Gazastreifen immer heftiger wurde. Es war die Zeit eines bis dahin beispiellosen Terrors gegen israelische Zivilisten, der Höhepunkt wohl eine Attacke der Hamas am Sederabend im März 2002 in Netanja, bei der 22 Menschen getötet und 140 verletzt wurden. Es war aber auch die Zeit, bevor Ariel Scharon 2005 die israelischen Siedlungen im Gazastreifen räumte und damit der Hamas den Weg zur Regierung dort öffnete. Und natürlich war es auch die Zeit nach dem 11. September, damals vor 21 Jahren.

Wir mochten uns auf Anhieb, mit unseren so unterschiedlichen Lebenswelten, trotz unserer so unterschiedlichen Ansichten und wohl auch, weil wir uns in der Ferne als Mitglieder einer Minderheit in einer deutschen Mehrheitsgesellschaft erkannten. Entscheidend aber war, so denken wir im Rückblick, dass wir einander zuhören und miteinander streiten konnten, ohne je an der Integrität des anderen zu zweifeln. Wir lernten voneinander, dass jeder von uns vielleicht auch denken würde wie der andere, wenn ihn dessen Erlebnisse und Erfahrungen geprägt hätten. So ergab sich sofort nach der ersten Begegnung ein E-Mail-Austausch, der erst einmal natürlich nicht zur Veröffentlichung vorgesehen war, aber dann doch so relevant erschien, dass ihn die Zeitschrift *Lettre International* veröffentlichte. Bei unserem Telefonat am 9. Oktober erinnerten wir uns, längst Freunde geworden, an die damalige Korrespondenz, an den lieben Herrn Sznaider und an den lieben Herrn Kermani, an den Übergang ausgerechnet im Streit zum lieben Natan und lieben Navid, aber natürlich auch an unseren Pessimismus damals schon. Wir erinnerten uns an die wirklichkeitsschaffende Kraft der Gewalt, die nur noch Schmerz und Trauer hinterlässt, aber auch daran – und das war das Wichtigste vielleicht für uns am 9. Oktober –, dass man selbst in der Sprachlosigkeit noch sprechen kann, und sei es ohne Worte. Sei es nur, dass man den anderen atmen hört.

Unabhängig voneinander suchten wir nach dem Telefonat die damalige Korrespondenz in unseren Rechnern, lasen fast gleichzeitig in Tel Aviv und Köln und waren beide schockiert. Dasselbe gespenstische Gefühl beschlich uns, weil sich alle Befürchtungen bewahrheitet hatten. So kam uns beiden, unabhängig voneinander in derselben Nacht, der Gedanke, diesen 21 Jahre alten Briefwechsel noch einmal zu veröffentlichen, der die Gegenwart vielleicht ein wenig besser zu verstehen hilft. Unser gemeinsamer Verlag reagierte sofort und leistete Unglaubliches. So konnte das Buch schon nach einem knappen Monat erscheinen.

Dabei sind wir uns der damaligen Unzulänglichkeit

und ebenso des heutigen Risikos bewusst – der Unzulänglichkeit rasch geschriebener Mails und des Risikos, missverstanden zu werden, weil die Situation eine andere ist als vor 21 Jahren und ebenso der Diskurs sich verändert hat – manche Formulierung im Zusammenhang mit Israel, die womöglich gedankenlos, aber seinerzeit geläufig war, würde inzwischen irritieren oder sogar als anstößig gelten. Hinzu kommen heute die ungleich größere Bedeutung des Internets und der sozialen Medien, zu deren Wirkmechanismen es gehört, einzelne Sätze ohne Kontext aufzuspießen und zu skandalisieren. Aber auch wir selbst haben uns verändert und uns politisch über die Jahre eher noch weiter voneinander entfernt, weil wir die Gründe für die Eskalation anders gewichteten – und auch in diesen Tagen bewerten wir die bisherige Reaktion Israels auf das Massaker unterschiedlich. Ja, wir sind uns einig, dass die Täter mitsamt allen Hintermännern zur Rechenschaft gezogen und die Hamas als Organisation ausgeschaltet werden muss. Aber was der eine, von Köln aus, als Katastrophe für die Zivilbevölkerung im Gazastreifen wahrnimmt, die den Israelis keinerlei Sicherheit bringen wird, sieht in Tel Aviv der andere nicht nur mit dem Recht auf Selbstverteidigung legitimiert, sondern als Versuch, die Anwesenheit des Staates wiederherzustellen, die sicheres jüdisches Leben in Israel wieder möglich machen soll.

Nun, das sind unterschiedliche Bewertungen. Die eigentlichen Veränderungen reichen tiefer und trugen dazu bei, dass wir in all unseren Differenzen nie das Vertrauen in den anderen verloren haben. Der eine von uns, der Deutsche und Iraner, war gerade erst von seiner ersten Israelreise zurückgekehrt und hat sich seither intensiv mit der jüdischen Tradition, mit der Schoah und auch mit der deutschen Erinnerungskultur beschäftigt und hat darüber publiziert. Beim Wiederlesen bemerkt er erschrocken, wie ihm als junger Autor in manchen Formulierungen das Feingefühl abging für mögliche Reaktionen speziell in Deutschland, speziell gegenüber einem Sohn von Holocaust-Überlebenden. Einen Begriff wie »Unrechtsstaat« etwa würde er nicht mehr assoziieren wollen, ungeachtet dessen, dass er die Politik Israels gegenüber den Palästinensern heute sogar für noch problematischer, ja, unverantwortlicher hält als vor 21 Jahren. Hätten wir solche Sätze nachträglich streichen sollen, also zensieren? Das schien uns auch falsch zu sein und allzu ängstlich. Die Leserinnen und Leser werden aus dem Zusammenhang verstehen, so hoffen wir, dass der Begriff des Unrechts hier nicht grundlegend anders und auch nicht schlimmer als bei vielen anderen Staaten gemeint war, deren Legitimität heute niemand mehr in Frage stellen würde, obwohl ihre Gründung mit Vertreibungen einherging. Und für die, die es nicht verstehen wollen: Das Existenzrecht Israels ist unveräußerlich.

Der andere, der Israeli und Jude, fürchtet angesichts der Unwissenheit gerade im eigenen, progressiven Milieu Deutschlands die moralische Arithmetik der gegenseitig begangenen Grausamkeit heute umso mehr. Keine Zeit innezuhalten, keine Zeit zum Trauern, keine Zeit für ein gebrochenes Herz, wenn man begreift, was am 7. Oktober geschehen ist. Aufrufe werden veröffentlicht und es wird differenziert, Gewalt verurteilt, ohne die Bereitschaft, Gewalt von Gewalt zu unterscheiden. Von »Palestine will be free« zu »From the River to the Sea« ist es ein kaum noch merklicher Übergang. Was ein Jahr zuvor noch im Rahmen der documenta 15 als eine etwas abstrakte Kontroverse um Antisemitismus und Postkolonialismus – kontrovers auch zwischen uns beiden – offen debattiert wurde, hat nun seine Unschuld verloren. Gleichwohl bleibt es eine große Leistung freier demokratischer Gesellschaften, moralisch und politisch fehlgeleitete Menschen im wahrsten Sinne des Wortes zu tolerieren. Wer damit gemeint ist – nicht immer sind wir uns darüber einig, nur dass wir sie ertragen müssen. Auf andere, auf existentielle Weise geht es darum auch im jetzigen Krieg: nicht allein um das Überleben von Israelis und Palästinensern, sondern um den Sieg über den Dschihadismus und zugleich die Wahrung Israels als Rechtsstaat, damit beide Völker frei leben können. An der Hoffnung halten wir fest – oder halten wir uns fest –, es werde aus all dem Schrecken paradoxerweise die Einsicht erwachsen, dass Juden und Araber nun einmal zusammenleben auf diesem Fleckchen Erde, auf dem die Idee formuliert wurde, dass alle Menschen gleich seien. Weder werden die einen verschwinden noch die anderen. Es ist auch etwas sehr Schönes daran, dachten wir vor 21 Jahren, als wir gemeinsam durch die Altstadt von Haifa spazierten.

Navid Kermani und Natan Sznaider,
Köln und Tel Aviv am 25. Oktober 2023

Lieber Herr Sznaider,

es war gut, mit Ihnen durch Haifa zu gehen. Vielen Dank für Ihre Gastfreundschaft. Der Hummus in der Altstadt war der beste, den ich je gegessen habe. Und das ausgerechnet in Israel! Ihr Land ist viel herrlicher und schrecklicher, als ich es mir vorgestellt hatte.

Herzlich grüßt Sie Ihr Navid Kermani

1. März

Lieber Herr Kermani,

haben Sie vielen Dank für Ihren Artikel. Sie haben die »Logik« der Checkpoints völlig durchschaut, dass sie Laboratorien zur Erzeugung von Aggression mit den geringstmöglichen Mitteln sind, wie Sie es bezeichnen. Vielleicht erwähnenswert die Selbstmörderin, die sich vor zwei Tagen an einem Checkpoint in die Luft sprengte. Ich glaube, das wird das Verhalten israelischer Soldaten Frauen gegenüber noch verschlimmern. Jeder kann jetzt möglicher Terrorist sein. Die Absicht ist wohl, sich gegenseitig zu enthumanisieren. Die Idee, ein Stück über den Strand zu schreiben, ist gut. Der Strand gilt wohl für viele von »uns« als letzter Fluchtpunkt, als Horizont, als Ausgang zum Westen, als Ausdruck von Körper und Äußerlichkeit gegen die Schwere der Geschichte in diesem Land. Ich weiß von mir selbst, dass ich zum Strand gehe, wann immer ich hier genug habe, und erholt wiederkomme. Nun scheint ja wieder alles »noch« schlimmer zu werden.

Ihr Natan Sznaider

4. März

Lieber Herr Sznaider,
vielen Dank, ich freue mich auf die Lektüre und werde sehen, ob ich den Text an das *Kritische Tagebuch* vermitteln kann. Allerdings hat man dort im Augenblick den Israel-Overkill, wenn das Wort in diesem Zusammenhang nicht obszön ist – ausgerechnet wegen mir und meiner Serie.

Mit herzlichen Grüßen, Navid Kermani

Lieber Herr Kermani,

Israel-Overkill, I love it. Sie sehen selbst, wohin es geht und auch, was gestern beim Checkpoint geschehen ist. Der Anschlag am Samstag war wohl besonders grausam, da ganz bewusst Frauen und Kinder ermordet wurden. Ich glaube, wir haben wieder eine neue Stufe erreicht. Die Leute radikalisieren sich hier täglich, und auch das hat seine Logik. Am Ende werden wir in dem von anderen Orten bekannten Kreislauf von Anschlag, Vergeltung, Anschlag, Vergeltung landen, aus dem es kein Entrinnen mehr geben wird.

Ihr Natan Sznaider

13. März

Lieber Herr Sznaider,

Ihr Artikel, in dem Sie die Palästinenser als diejenigen darstellen, die Israel die Legitimation bestreiten wollen oder müssen, ist einigermaßen verwirrend, durchaus im positiven Sinne. Insgesamt denken wir wohl sehr ähnlich, und dass man auf Basis der jetzigen Legitimationsmuster nicht zu einem Frieden kommt, scheint mir auch klar. Aber im Detail gäbe es sehr viel zu diskutieren. Ich weiß nicht, ob Sie die palästinensische Seite fair darstellen. Die Zahl derer, die den Israelis das Recht auf staatliche Existenz absprechen, mag zugenommen haben, aber in all den Gesprächen, die ich geführt habe, ging es doch immer um das Ende der Besatzung, um zwei Staaten. Ich würde sogar ein wenig provozierend sagen, dass Israel das Verlangen der Palästinenser, sie ins Meer zu treiben, braucht, um die Besatzung als Selbstverteidigung legitimieren zu können, und auch dafür, die Idee eines gemeinsamen, säkularen Staates von vornherein als irreal auszuschließen. Sie haben insofern recht, als dass sich die Palästinenser nicht aus Sympathie mit den Israelis mit dem Staat Israel abgefunden haben, sondern aus der Einsicht in die eigene Schwäche – aber immerhin, die Einsicht ist da, insgeheim sogar bei Extremisten. Aus palästinensischer Sicht hat man bereits auf achtzig Prozent verzichtet, das sollte man durchaus nicht gering schätzen (wie gesagt, es geht nicht um Moral, sondern um Realismus). Ich frage mich auch, welches »Recht« bei Israel liegen soll, wenn es um die Besatzung geht; das Recht auf Abwehr terroristischer Akte gewiss, aber doch nicht ein bisschen Recht auf Besatzung. Und warum muss man von den Palästinensern erwarten, dass sie die Vertreibung von 1948 plötzlich nicht mehr für Unrecht halten? Der Pfad ist eher ein anderer, und den beschreiben Sie dann ja auch selbst: dass die Frage der Legitimität anders gestellt werden muss. Und doch würde ich es anders formulieren, auf eine Weise, die für Sie wahrscheinlich gar nicht mehr akzeptabel ist (und ich spüre durchaus, wie sogar wir zwei, die wir uns in Haifa fast vollständig einig waren, durch den Druck der Ereignisse, des Terrors, in unseren Positionen auseinanderdriften); ich würde viel naiver formulieren: Wenn jemand in einem Land geboren wurde, hat er ein Recht, dort zu leben – fertig. Selbst wo ein Staat auf Unrecht gründet (und das tut Israel meines Erachtens), verschafft er sich durch seine schiere Existenz Recht, durch das Leben seiner Bürger. Er verschafft sich eine Moral, denn es wäre zutiefst unmoralisch, die Heimat dieser Bürger einfach auszulöschen.

Denn es ist eine Heimat geworden, und es ist eine Moral der Faktizität, eine Moral, die gegen ihre unmoralische Entstehung besteht. Wo Lebensrecht auf Lebensrecht prallt, wie es im Falle der palästinensischen Flüchtlinge und ihrer jüdischen »Nachmieter« der Fall ist, hilft nichts anderes, als zu den grässlichsten zivilisatorischen Mechanismen zurückzugreifen, die es gibt: Verzicht auf den moralischen Anspruch gegen die scheckbuchversüßte Anerkennung von Schuld. Als Israeli kennen Sie das schließlich in weit größeren Maßstäben (moralisch und finanziell) aus der eigenen Geschichte und Gegenwart; es ist schrecklich, aber nichts anderes scheint in der Realpolitik wenigstens ansatzweise zu funktionieren. Ich glaube auch, beide Seiten wären dazu bereit, wenn man es entsprechend publizistisch und politisch begleiten würde, statt wie die frühere Friedensbewegung ständig weiszumachen, dass das Problem 67 begann, nicht schon 48. Ich sehe selbst jetzt noch Bewegung in dieser Richtung. Deshalb verknüpfe ich langfristig durchaus

Hoffnungen mit der neuen israelischen Friedensbewegung, die kleiner und radikaler ist als ihre Vorgängerin, aber nicht deren unsägliche Forderungen wie »Get back to ourselves« verbreitet, als würde alles stimmen, wenn man als Jude nur endlich unter sich ist (was sich arabische Israelis bei diesem Slogan denken sollen, scheint *Peace Now* nicht zu kümmern).

Herzliche Grüße von Ihrem Navid Kermani

13. März

Lieber Herr Kermani,

Sie sagen, dass jemand, der in einem Land geboren ist, dort das Recht hat zu leben. Das schließt dann mein Recht aus, denn ich bin nicht in Israel geboren. Das schließt auch das Recht der Millionen Menschen hier aus, die nach Israel einwanderten. Es muss also mehr sein als die bloße Geburt.

Ich wusste, dass ich mit diesem Artikel zur Legitimationsfrage anecken würde, und das war auch Absicht. Ich wollte das formulieren, was mir in den letzten Wochen durch den Kopf gegangen ist und warum ich einen gewissen Wandel durchmachte, den ich mir selbst noch nicht ganz erklären kann. Ich glaube, was mir passiert, ist vielen Israelis, auch aus meinem engeren Freundeskreis, ähnlich geschehen. Wir sind praktisch gezwungen worden, die Position des Beobachters aufzugeben, und sind zu Teilnehmern geworden, was auch die Absicht der Terroristen ist. Die letzten Anschläge sind einfach in »meine Welt« eingedrungen, ob es sich um das Restaurant in Tel Aviv handelte, wo ich oft esse, oder um das Café Caffit in Jerusalem, wo ich eigentlich immer bin, wenn ich Treffen in Jerusalem habe, oder um den Anschlag in Netanja, der neben der Wohnung meines Vaters stattfand. Es war mir einfach nicht mehr möglich, die Situation der Palästinenser zu verstehen, ihr Leiden in meine Überlegungen einzubeziehen. So selbstlos kann ich leider nicht sein, wenn plötzlich die eigene Existenz auf dem Spiel steht. Ich habe mir ihre Rahmenbedingungen aufdrücken lassen, »it's either us or them«. Und plötzlich wurde aus »mir« ein »uns«, und ich war erfüllt von einer Mischung aus Hass und Angst. Sie hörten damit auf, unschuldige Opfer zu sein, sie wurden zu schuldigen Tätern. Ich konnte auch nicht mehr länger die Vorstellung akzeptieren, dass es nur von »uns« abhängig ist. Wir begreifen schlicht nicht, dass die andere Seite uns unabhängig von aller Politik hier einfach nicht haben will. Und mir fielen die Anschläge von 1995 und 1996 ein, die in die Zeit der größten israelischen Kompromissbereitschaft fielen, und die wir damals als »Opfer für den Frieden« einfach wegsteckten, um nur ja nicht der Rechten Glauben zu schenken, die uns etwas anderes erzählte.

Ich werde auch immer skeptischer, was die Eigenstaatslösung betrifft. Natürlich »verdienen« die Palästinenser ihren eigenen Staat, wie alle anderen Menschen auch: Sollen sie ruhig von den Mitgliedern ihrer eigenen Ethnie unterdrückt werden. Das nennt man dann Freiheit. Aber wie kann denn so ein Palästina innerhalb von Gaza und Westbank mit Israel dazwischen wirklich funktionieren? Wie sollen sie denn in einem solchen Staatsgebilde leben? Da muss ja fast schon automatisch das Begehren bei den Palästinensern frei werden, dann doch lieber alles haben zu wollen. Aber darüber macht sich wirklich keiner Gedanken, und man leiert lieber das Mantra des Selbstbestimmungsrechts runter, ohne sich über die Konsequenzen Rechenschaft abzugeben. Dass die Siedlungen runtermüssen, ist natürlich klar, nicht nur Leuten wie mir. Dass sie nicht runterkommen werden, ist ebenfalls klar. Was soll ich sagen? Ein einziges Desaster hier, und mein persönliches Problem ist, dass ich mich in diesem Land wohl fühle und auf Dauer nirgendwo anders leben will und das Leben in Deutschland und in den USA nur dann gut finden kann, wenn ich weiß, dass ich wieder zurückkommen kann. Aber das ist wohl nicht genug zur Legitimation.

Ihr Natan Sznaider

Lieber Herr Sznaider,

Ihre Zeilen sind sehr berührend. Was soll ich Ihnen denn sagen? Soll ich Ihnen von außen zurufen, nicht das Paradigma von »It's us« zu übernehmen? Nicht die Ursachen zu vergessen, wenn in Ihrem Café eine Bombe hochgeht? Ja, wahrscheinlich muss ich das tun, obwohl ich verstehe, dass Sie nicht mehr die Kraft dazu aufbringen, wenn Ihr Vater sich vor den Kugeln der Terroristen verstecken muss. Ich muss es tun, einfach weil ich nur zwei Möglichkeiten sehe, die – vielleicht – dazu führen könnten, dass Sie sicher in einem Café sitzen können und Ihr Vater sicher leben kann. Das Ende der Besatzung oder die Vertreibung der Palästinenser. Solange es gleichzeitig Besatzung und Palästinenser gibt, wird es Gewalt geben. Darüber mögen Sie als Unbeteiligter, als Friedenswilliger, als Kritiker der israelischen Politik, als Israeli wütend sein, aber Sie wissen, dass es so ist. Und Sie täuschen sich: Die Palästinenser haben sich längst mit Israel abgefunden. Dieser Eindruck, den ich auf meiner Reise durch die besetzten Gebiete gewonnen habe, ist sehr stark; selbst die Extremisten haben sich damit abgefunden, mögen sie auch anderes schreien. Das reicht vielleicht nicht für Versöhnung, aber es würde für einen kalten Frieden reichen. Die Versöhnung kommt dann vielleicht später einmal sukzessive, nach ein paar Jahrzehnten. Dass ein palästinensisches Homeland nicht lebensfähig ist, ist klar; aber zumindest würde es die Lage zunächst deeskalieren, es würde ein noch größeres Blutvergießen in der ganzen Region vielleicht fürs Erste verhindern. Man muss sich nur die alternativen Szenarien ausmalen, um sich für schlechte, nicht praktikable Lösungen zu erwärmen. Es ist gut, dass Sie den Wandel präzise benennen. Aber der Wandel ist nicht gut, mögen mir seine Ursachen auch offenkundig und sehr verständlich sein. Er ist nicht gut. Ich kann von außen nichts anderes sagen.

Wer bin ich denn, dass ich irgendwem das Recht darauf absprechen wollte, in Israel zu leben? Natürlich stimme ich Ihnen zu, dass es nicht allein die Geburt ist, die einem dieses Recht gibt. Das war unpräzise formuliert (was ich erst durch Ihren Einwand bemerkt habe, aber so selbstverständlich sind eben selbst die einfachen Tatsachen israelisch-palästinensischer Wirklichkeit nicht für jeden). Ich finde sowieso, dass man leben können sollte, wo man will, und dass wenigstens ein einziges Land auf Erden existiert, in dem Juden immer Zuflucht finden, dagegen kann ich schon gar nichts einwenden. Hat ja wirklich etwas von Utopia, und das hat sich mir auch vermittelt, als ich mit Ihnen in Haifa am Strand gesessen habe, unter all diesen freundlichen, warmherzigen Menschen aus aller Herren Länder. Gleichzeitig ist es komisch, dass ein Russe, dessen Urgroßmutter väterlicherseits womöglich jüdisch gewesen sein könnte, eher in Haifa leben kann als ein palästinensischer Greis, der 48 aus seinem Haus vertrieben wurde. Ich weiß, jüdische

Identität des Staates Israel und so weiter, ist mir alles bekannt, die Argumentation, und realpolitisch ist sie nicht gänzlich von der Hand zu weisen. Aber komisch ist es. Ich muss Ihnen einfach offen sagen, dass ich absolut nichts mit einer religiösen Identität eines Staates anfangen kann, weder mit einer muslimischen noch mit einer jüdischen, und das ganze Gerede vom christlichen Europa geht mir ebenfalls auf den Wecker. Was ist das denn anderes als Fundamentalismus? Als Iraner hat man hierfür einen geschärften Blick, und Säkularisierung wird zu einem Axiom.

Mit herzlichen Grüßen und nochmaligem Dank
bin ich Ihr Navid Kermani

15. März

Lieber Herr Kermani,
ich weiß ja, dass Sie recht haben und die Besatzung aufhören muss. Aber wer sagt, dass dann der Terror tatsächlich aufhören würde? Und solange es Terror geben wird, so lange werden die Siedler sich »sicher« fühlen können, und solange die Siedler sich sicher fühlen können, so lange wird es Terror geben. Es wird Zeit für Urlaub. Danke nochmals für den reality-check. Wir haben uns jahrelang der Illusion hingegeben, dass es nur um die Gebiete geht, die 1967 erobert wurden. Vielen von uns war gar nicht klar, dass das Leben diesseits der grü-

nen Linie von vielen der anderen Seite auch nicht legitim war. Solange der Terror sich »nur« in den besetzten Gebieten abspielte, konnte die Illusion aufrechterhalten werden. Dagegen hat die israelische Rechte immer schon argumentiert, dass es nicht um die besetzten Gebiete von 1967 geht, sondern um alles, um Eretz Israel. Dass es keinen Unterschied zwischen Haifa und Hebron gibt. Und als die Bomben eine nach der anderen im Landeskern hochgingen, als es auch bei uns immer unsicherer wurde, fingen die Leute an, die Dinge anders zu betrachten. So wie die Rechten es immer schon getan hatten. Wer sagt denn, dass das Ende der Besatzung auch das Ende des Terrors bedeutet? Und wenn nicht?

Ihr Natan Sznaider

4. April

Lieber Herr Sznaider,

nun ist alles so, wie Sie es für den Fall vorausgesehen haben, dass der Terror weitergeht. Offenbar muss man sich immer nur an das Worst-Case-Szenario halten, dann weiß man, was die Zukunft bringen wird. Sie schrieben, dass es die Besatzung geben wird, solange es Terror gibt. Als ob das Umgekehrte auch gälte: dass die Besatzung aufhören würde, wenn es keinen Terror gibt. Was war denn vor dem Terror? Zwanzig, dreißig Jahre haben die Palästinenser die Besatzung mit Murren und zivilem

Protest ertragen, waren sie billige Arbeiter, die am Wochenende wieder in ihren Homelands verschwanden. Hat irgendein israelischer Politiker, eine nennenswerte israelische Öffentlichkeit auch nur in Erwägung gezogen, sich endlich aus den Gebieten zurückzuziehen? Nur die Steine der ersten Intifada haben die Israelis dazu gebracht, über den Rückzug zu reden. Als dann ein wenig Ruhe einkehrte, weil man über den Frieden verhandelte, hatten die Israelis nichts eiliger zu tun, als immer neue Siedlungen zu errichten. Sieht man von Arafats Clique ab, hat der sogenannte Frieden nur Unheil gebracht, wie alle kritischen Intellektuellen Palästinas vorausgesehen haben. Nur hoffen viele eben, dass wenigstens die Gewalt den Israelis die Lust an der Besatzung vergällt, die Angst im eigenen Haus, im Bus, in der Diskothek, die Angst um die Kinder. Und selbst wenn die Rechnung nicht aufgeht, können sich die Palästinenser dann wenigstens damit trösten, dass auch die Israelis keinen Spaß mehr am Leben haben werden. So denken nicht alle, aber immer mehr.

Als ich in Bir Zeit war, fragte mich ein junger Angestellter, ob wir Iraner tatsächlich über Atombomben verfügten, wie die Israelis behaupteten. Ich zuckte mit den Schultern. Und ob auf den Raketen tatsächlich geschrieben stünde, dass sie für Jerusalem bestimmt seien, fuhr der junge Mann fort. Das hätte ich nun wirklich noch nicht gehört, erwiderte ich hilflos. Ach, wenn die Iraner doch nur die Raketen schicken würden, vor denen die

Israelis immer warnten, sagte er mit leiser Stimme; wenn sie doch alle ihre Atombomben abwerfen würden, damit die anderen, Israelis zusammen mit ihnen, den Palästinensern, zugrunde gingen. Einfach alles weg, sagte er, das wäre das Beste. Er war kein brutaler Mann, ein Akademiker mit sanftem, traurigem Blick, Vater einer zweijährigen Tochter, deren Bild er mir zeigte.

Abgesehen davon, dass die Selbstmordattentate zu einer strategischen Waffe der Palästinenser geworden sind, stehen sie doch zugleich für eine grundsätzliche Haltung: Wenn wir schon zugrunde gehen müssen, dann nehmen wir euch wenigstens mit.

Wie waren Ihre Tage in Berlin?

Ein freundschaftlicher Gruß
von Ihrem Navid Kermani

6. April

Lieber Herr Kermani,
die Mischung aus selbstgerechter »Wir wissen Bescheid«-Attitüde und Antisemitismus, die ich in Berlin angetroffen habe, war ziemlich hart. Was soll man auch mit Leuten über Politik reden, deren Politikverständnis nicht über die Kaffeepreise in der Mensa hinausgeht? Rührend sind sie ja schon, die deutschen Gutmenschen. Und auch wirklich nett in ihrer Solidarität mit den Verdammten dieser Erde. Nur Ahnung haben sie keine. Ist

nicht so schlimm. Wir müssen uns ja nicht auf sie verlassen, wenn wir in Sicherheit leben wollen.

Bis bald, Ihr Natan Sznaider

7. April

Lieber Herr Sznaider,

dass Ihnen die Stimmung hier auf den Wecker geht, kann ich gut verstehen. Es gibt wirklich einen Antisemitismus, der sich nun mit dem »Jetzt muss es endlich mal gesagt werden« heraustraut. Gleichzeitig ist aber fast alles, was ich von deutschen Juden höre, ebenso unsäglich. Jede, wirklich jede Kritik an Scharon und der israelischen Besatzung wird als Antisemitismus heruntergebügelt, und die deutschen Politiker und Journalisten sitzen dann davor wie die Häschen vor dem Wolf; ich habe es jetzt ein paar Mal selbst erlebt, zuletzt bei einem Abendessen mit irgendeinem wichtigen Berater von Scharon. Da hätte ich nach einer halben Stunde am liebsten in Den Haag angerufen. Und wenn ich etwas sage, bin ich gleich ein muslimischer Fundamentalist, als Iraner jedenfalls voreingenommen gegen die Juden. In der *FAZ* wurde ich immerhin darüber aufgeklärt, dass schon das Wort »Jude« auf Persisch eine negative Konnotation habe. Ich glaube, hier projizieren einige Leute den europäischen Judenhass auf die Muslime, damit's ihnen leichter ums Herz wird.

Es fällt mir allerdings auch wirklich schwer, meine Emotionen zu zügeln, wenn ich diesen Vertretern Ihres Staates zuhöre, allein schon die Vokabeln und die Art und Weise, wie sie über die Palästinenser sprechen, als seien das lauter indokrinierte Fanatiker, Kampfmaschinen und die eigentliche Gefahr für den Weltfrieden und die Zivilisation, denn ich bekomme einfach die Bilder aus Ramallah und von den Checkpoints nicht aus dem Kopf; ich meine nicht einmal die Fernsehbilder, sondern meine eigenen vom Februar, also noch von vor der Offensive der israelischen Armee. Ich war vor kurzem noch an diesen Plätzen, und die Situation war damals schon absolut verheerend, ein einziges Bild des Jammers, des Elends, der bewussten und ständigen Demütigung durch die Israelis. Und dann redet dieser Verbrecher von israelischem Politikberater die ganze Zeit von der Infrastruktur des Terrorismus, von Indoktrination, von ausländischer Unterstützung, Bin Laden und so weiter – Schwachsinn. Ein Tag als Palästinenser in Hebron, und er wüsste, woher der Terror kommt. Ja, Menschen sind zu Bomben geworden, aber wer hat sie denn dazu gemacht? Das ist nichts Hybrides wie der Milliardärsterrorismus des 11. September, das sind keine gelangweilten Mittelstandskinder. Das ist so konkret wie ein Stück Holz, das können Sie mit den Fingern greifen. Die Wut auf die Israelis und mit ihnen auf das ganze Scheißleben hat alle, wirklich alle erfasst, ob religiös oder nicht, Frau oder Mann, gerade auch die Christen, das sagt Ihnen jeder, der dort war, jeder Journalist, jeder Friedensaktivsist, jeder Mitarbeiter einer internationalen Organisation, denn die Israelis scheren sich ja nicht einmal darum, irgendetwas in den besetzten Gebieten zu kaschieren, es geht ihnen gerade darum, den Palästinensern in aller Offenheit zu sagen, dass sie ein Stück Dreck sind. Das entschuldigt keinen einzigen Mord, aber wir dürfen doch nicht so tun, als könnten wir uns den Terror nicht erklären und als sei die Aggression nicht nachvollziehbar. Die Armee legt es darauf an, sich Feinde zu verschaffen mit all ihren Maßnahmen, die zum größeren Teil militärisch völlig unsinnig sind. Natürlich wissen Sie das alles, wir haben darüber gesprochen, Sie haben mich sogar auf einzelne Aspekte noch hingewiesen, aber wenn man selbst vor ein paar Wochen noch durch Ramallah gelaufen ist, wenn man konkrete Plätze, Menschen, Situationen vor Augen hat, dann ist einem dieses selbstgerechte, zynische Gerede dieser Scharon-Leute und ihrer zahlreichen deutschen Apologeten, der Leitartikler und von historischem Bewusstsein nur so taumelnden Feuilletonisten, definitiv unerträglich. Ich wär' fast in die Luft gegangen, so geladen war ich, als ich diesem Scharon-Berater zuhörte. Und die Deutschen: trauen sich nichts zu sagen, solange die Israelis und Amerikaner im Raum sind, aber wenn sie dann hinterher wieder unter sich reden, wird es um so diffuser. Unerträglich auch dies. Dieser Dünkel, diese Selbstgerechtigkeit. Glauben Sie mir, ich kann nachvollziehen, wie schauderhaft das ist, wenn Deutsche sich daran ergötzen, dass sogar die Israelis böse Buben sind, ausgerechnet die Deutschen, denen Sie und die Palästinenser alles verdanken. Es ist widerlich. Ich verstehe, dass die jüdischen Freunde hier keine Lust haben, vor diesen Leuten die Kronzeugen gegen Israel zu geben. Aber in die Falle sollten sie nicht gehen; diese Weigerung ist falsch und fatal, sie spielt diesen Leuten nur in die Hände. Das würde ich öffentlich wohl nicht sagen wollen, aber Ihnen muss ich es sagen. Sobald irgendwo eine Bombe hochgeht, müssen alle Muslime ihren Abscheu hier zwangserklären, aber bei den Juden nimmt man hin, wenn sie nicht nur nichts zu Scharon sagen, sondern ihn mit den unmenschlichsten Argumenten verteidigen. Und wenn schon immer von der besonderen Verantwortung Deutschlands für Israel die Rede ist – warum dann auch nicht von der besonderen Verantwortung der Deutschen für die Palästinenser? Immerhin verdanken sie es vor allem den Deutschen, dass die Israelis sie aus ihrer Heimat vertrieben haben oder sie dort wie Bürger dritter Klasse halten. Die Juden sind schließlich nicht nach Israel gekommen, weil sie in Isfahan oder Rabat, sondern weil sie in Auschwitz und Dachau ermordet wurden. Verzeihen Sie meinen Ausbruch. Weil ich Freunde und Kollegen auf beiden Seiten habe, fühle ich mich ständig zwischen den Fronten, bin ständig in der Situation, den einen zu erklären, warum die anderen sich so mörderisch verhalten. Dabei ist das Unrecht gerade nicht symmetrisch verteilt, und ich bin es zwischendurch immer wieder leid, Verständnis für die israelische Wahrnehmung zu wecken, weil ich einfach und unmittelbar denke: Sollen sie doch einfach aufhören mit der Besatzung, mit den Siedlungen, den Checkpoints, den Kollektivstrafen, den Hauszerstörungen und der Vernichtung der Ölbäume, sollen sie doch die verbliebenen Palästinenser nicht länger wie Restmüll behandeln, den rechtzeitig wegzukehren sie leider versäumt haben, sollen sie doch endlich die Palästinenser leben lassen, wenn sie selbst in Frieden leben wollen. Wir bleiben hoffentlich, unbedingt, im Gespräch.

Herzliche Grüße von Ihrem Navid Kermani

8. April

Lieber Herr Kermani,
wir bleiben auf jeden Fall im Gespräch. Die kollektive Wut, die Sie beschreiben, reicht mir einfach nicht. Dann sagen Sie, dass das den Terror nicht entschuldigt. Aber erklären tun Sie es schon damit. Und von dort bis »Sie haben es nicht besser verdient« ist es nicht weit. Natürlich unterstelle ich Ihnen so was nicht, aber in Ihrer Wut über die israelische Besatzung wollen Sie mir doch klarmachen, warum es gerechtfertigt ist, dass ich jeden Tag pulverisiert werden kann. Ich kann einfach nicht akzeptieren, dass es die israelische Armee ist, die Terrorismus

provoziert. Damit machen Sie es sich zu einfach. Die Kausalität von Verzweiflung und Hilflosigkeit, die zu Selbstmordterrorismus führt, funktioniert einfach nicht. Auch finde ich es fragwürdig, dass Sie sich gegen den Zusammenhang zwischen dem 11. September und den Terrorangriffen hier stemmen. Hier ist doch nicht nur Verzweiflung am Werk, sondern ganz bewusste Strategie, wie man einen militärisch überlegenen Feind in die Knie zwingen kann. Und glauben Sie mir, dass kann in Zukunft nicht nur ein israelisches Dilemma werden.

Die Dilemmata, die Sie da so ganz klar über die Juden in Deutschland aussprechen, sind wohl die Krux aller ethnischen Minderheiten. Müssen denn nicht alle in Deutschland und Europa lebenden Palästinenser nicht ebenfalls auf Automatic Pilot stellen? Es ist auch falsch, von deutschen Juden zu reden. Wir reden hier von osteuropäischen Juden, die nach dem Krieg in Deutschland strandeten und sich bis heute natürlich nicht als »Deutsche« im ethnischen Sinne, aber auch nicht im kulturellen Sinne sehen können. Nun sollte man diese Menschen nicht als den verlängerten Arm des israelischen Außenministeriums sehen. Sie merken nur, dass der Konflikt mit der Politik auch den Nahen Osten verlassen hat (was konnte das deutlicher machen als der Angriff auf die Sedergesellschaft in Netanja, der ganz klar religiös motiviert war) und dass ihre Augen sowohl auf Frankreich als auf Ramallah starren. Auch sie fühlen sich nicht wohl mit dem Ausdruck der brutalen Gewalt, der von der israelischen Armee ausgeht, aber sie können gar nicht anders, als so zu reagieren, wie sie reagieren.

Die Option des »starken und brutalen« Juden ist ihnen mit ihrem Entschluss, in Europa zu leben, genommen worden. Sie fühlen sich ob ihrer eigenen Schwäche schuldig, müssen sich auf die deutsche Polizei verlassen, damit sie ihre Einrichtungen schützt, und wo es die deutsche Polizei nicht tut, tun es junge Israelis, die Wache vor jüdischen Kindergärten und Synagogen stehen und es ihnen noch mal ins Gesicht schreien: Ihr seid nicht imstande, euch selbst zu beschützen. Dafür sind nur wir brutale Israelis gut genug. Herr Kermani, da steckt so viel Schmerz und Angst dahinter. Da ist es so viel schwerer, wie wir hier in Israel einfach zu sagen: Raus aus den Gebieten, und Scharon ist dies und jenes. Ich verstehe die Dilemmata dieser Menschen so gut, obwohl ich sie natürlich nicht teile. Aber ich muss auch nicht täglich mit debilen Antisemiten umgehen. Meine Feinde sind hier ganz andere.

Als nichtethnische Deutsche können die Juden in Deutschland gar nichts anderes sein als Verfassungspatrioten, können sie sich nur auf Menschenrechte und Universalität berufen, denn als nichtethnische Deutsche gehören sie nun einmal nicht zum Kollektiv. Das ist immer eine prekäre Situation. Und sie wissen auch, dass sie ihre privilegierte Minderheitssituation der Existenz Israels verdanken. Was wären Diasporajuden ohne Israel?

Sinti und Roma vielleicht, die von jedem Staat abgeschoben werden können. Die Juden in der Diaspora wissen um ihr dialektisches Verhältnis zu Israel und haben schon immer versucht, aus Israel ein Land zu machen, das zu mögen leichter fällt. Ein brutales, menschenrechtsverletzendes Israel kann gar nicht in ihrem Interesse sein. Und gleichzeitig wissen sie, dass die eigene Situation – wenn es wirklich darauf ankommt – nur durch diese virtuelle Heimat gestützt wird. Deshalb kann man von Juden nicht verlangen, dass sie sich mit den Palästinensern solidarisieren, mit Palästinensertuch bei Demos mitmarschieren, wo Dschenin mit dem Warschauer Ghetto verglichen wird. Geht nicht.

Übrigens erwartet man auch hier von den arabischen Parlamentsabgeordneten, dass sie nach den Anschlägen diese verurteilen, und man nimmt es ihnen übel, wenn sie es nicht tun. Und in den letzten Wochen hat man von Leuten wie Ahmad Tibi und Azmi Bishara kein einziges Wort des Bedauerns gehört, während sie sich zu Tode reden, wenn es um die Wasserversorgung Arafats geht. Ich halte dies nicht nur für politisch unverantwortlich (der größte Teil der arabischen Bevölkerung Israels denkt nicht so), sondern auch für sehr gefährlich. Gleichzeitig haben sie in diesem ethnischen Spiel wohl keine andere Wahl. Klug macht es sie jedenfalls nicht. So verhält sich jede Minderheit, wie man es von ihr erwartet, und sucht den Schutz ihrer eigenen ethnischen Mehrheit. Als in Haifa auch arabische Bürger in die Luft gingen (ein Lokal, das ich sehr gut kenne, und wenn ich nicht zufällig in Berlin gewesen wäre, dann hätte es gut passieren können, dass ich um diese Uhrzeit mit meiner Familie dort gewesen wäre) und auch einer der wirklich großen Friedensaktivisten von Haifa ums Leben kam, haben arabische Abgeordnete der Stadt es nicht einmal für nötig empfunden, ihr Beileid auszusprechen. Stattdessen schwenkten sie palästinensische Fahnen auf einer Demo, um sich dann – natürlich wohlgeplant – von der Polizei vor laufenden Kameras verprügeln zu lassen. Wir haben in Haifa ausführlich über den Terror gesprochen, und ich sagte Ihnen, dass dieser Terror »uns« zu Aktionen bringen wird, die dann nicht mehr zu kontrollieren sind. Es ist nun leider schon fast so weit gekommen. Alles viel zu kompliziert.

Ihr Natan Sznaider

13. April

Lieber Herr Sznaider,
natürlich sind die Selbstmordattentate Teil einer politischen Strategie und nicht bloß spontane Akte der Verzweiflung, das habe ich in einer der vorherigen Mails auch selbst geschrieben. Aber wenn man sie verhindern will, muss man sich doch fragen, warum Gruppen auf diese Strategie verfallen – was nützt es denn, nur über deren Bösartigkeit zu klagen? Und man kann doch auch

nicht übersehen, dass die Strategie überhaupt nur deshalb angewendet werden kann und Menschen findet, die sich ihr zur Verfügung stellen, weil die Verzweiflung ein Ausmaß angenommen hat, dass die Leute ihr Leben wegzuschmeißen bereit sind (und Sie wissen, dass viele der Selbstmordattentäter aus einem vollkommen säkularen Milieu kommen und eben nicht einem religiösen Wahn unterliegen). Man kann doch den Zusammenhang von Terror und Verzweiflung, wie er in Palästina, anders als beim 11. September, direkt, konkret und offenkundig vorliegt, nicht beiseite wischen.

Ich will überhaupt nichts rechtfertigen, ich wollte nur darauf hinweisen, dass die Aggression allgegenwärtig ist und weiter zur Gewalt führen wird. Wie schrecklich die Anschläge, wie schändlich viele deutsche und palästinensische Reaktionen auf den Terror sind, wie verständlich der Impuls, sich zu wehren – sehen Sie denn nicht, dass Scharon und seine Regierung Sie und die Palästinenser gemeinsam ins Verderben führt? Mal abgesehen davon, dass er nicht gewinnen kann – wie stellen Sie sich denn ein Leben nach seinem Sieg vor, was wäre es anderes als ein großes jüdisches Ghetto mit Stacheldraht ringsum, mit Reservaten für die arabischen Eingeborenen oder gar reinrassig? Es geht nicht darum, die Gewalt zu legitimieren oder zu verharmlosen, im Gegenteil: Es geht darum, wie man sie langfristig am ehesten verhindern kann, und da sind Sie und ich uns, glaube ich, einig, dass die derzeitige Politik Israels nicht eben dazu beiträgt. Sie mögen zu Recht einwenden: Aber der Terror der Palästinenser trägt ebenso wenig zum Frieden bei, und hundert Mal sagen: Schuld sind auch die anderen. Natürlich haben Sie recht, aber was nützt es? Der Westen unterstützt nun einmal hauptsächlich die Terroristen der einen Seite. Wenn der amerikanische Präsident Scheich Yassin einen »Mann des Friedens« nennen würde so wie gerade Ariel Scharon, würde ich mich ja auch aufregen. Und glauben Sie, es würde nur einen Terroranschlag verhindern, wenn Arafat in seinen drei verbliebenen Zimmern zur Gewaltlosigkeit aufriefe? Sicher wäre es schön, wenn er es täte – aber brächte es etwas? Arafat mag grässlich sein, wie er will, ein Opportunist, ein Lügner, noch dazu ein Wegbereiter der schändlichsten Korruption. Aber Sie können seine Macht nicht mit der eines israelischen Ministerpräsidenten vergleichen. Der ganze Staat, dem er vorstehen soll, war von Anfang an nichts als ein Potemkin'sches Dorf, und inzwischen verfügt er nicht einmal mehr über dies. Wenn man sich nur endlich darauf konzentrierte, was realistischerweise die Gewalt unterbinden würde, statt dabei stehenzubleiben, sich über die Unmoral der je anderen Seite aufzuregen. Natürlich ist ein Terroranschlag unmoralisch, und die Befürwortung oder auch nur Duldung von Terror ist es ebenfalls. Aber was nützt es, wenn wir es alle hundert Mal am Tag verurteilen, die je andere Seite sich aber einfach nicht an unsere Aufrufe zur Friedfertigkeit hält? Wenn es bloß um Macht und um Interessen ginge, wenn man die ganze Moral für einen Augenblick in den Orkus stieße – Palästinenser und Israelis wären weiter, denn ihre Interessen ließen sich viel besser in Einklang bringen als ihre Interpretation der Schuld. Die Israelis werfen den Palästinensern vor, immer nur von der Moral zu reden, anstatt endlich von der Realität auszugehen, dabei geht es ihnen genauso um die Moral, jedenfalls der linken Öffentlichkeit.

Wenn Sie in diesen Tagen die Leitartikel von *FAZ*, *Zeit* et cetera lesen, werden Sie übrigens finden, dass man sich dort über die deutsche Reaktion auf die Nahost-Krise aufregt (»Vom Opportunismus der Israel-Kritik«) statt über die Lage selbst. Ist das nicht auch ein Teil der Neurose, die Sie beschreiben? Ich habe das Gefühl, dass ich doch etwas zu der Debatte hier schreiben muss, speziell zu den jüdischen Freunden. Alle, mit denen ich rede, denken wie wir, aber zu lesen und zu hören sind immer nur die Apologeten Scharons. Was meinen Sie? Ich denke an Sie und zucke aus Sorge um Sie und die anderen Freunde in Israel bei jeder Nachricht von einem neuen Anschlag zusammen.

Ihr Navid Kermani

Lieber Herr Kermani,

Sie sollten den Artikel auf jeden Fall schreiben, und wir beide brauchen einen Strand, an dem wir uns stundenlang unterhalten können. Ich weiß nicht mehr, wo es war, oben auf dem Berg oder unten am Strand, als ich Ihnen von der Kraft des Terrors erzählte, die hier alles ändern wird. Ich bin mir aller Kausalitäten bewusst, der jahrelangen Unterdrückung und Besatzung, der Angst, die Scharon bei der anderen Seite erzeugt, der Kompromisslosigkeit und institutionalisierten Grausamkeit unserer Seite. Und auf Ihre Frage, ob »wir« bereit sind, in einem Hochsicherheitstrakt zu leben, in einem großen Ghetto, wäre die Antwort der meisten Israelis ein klares »Ja.« Ich brauche Ihnen nicht zu erzählen, wie der israelische Alltag aussieht. Trotz Armee, trotz aller Kraft, hat der Terror es geschafft (und das ist doch wohl sein Ziel), die Machtverhältnisse auszugleichen. Die Ziele sind sorgfältig ausgewählt. Nehmen Sie den letzten Anschlag. Der Markt um 16 Uhr am Freitag. Die meisten haben schon eingekauft, sind schon zu Hause. Wer noch nicht eingekauft hat, das sind die Ärmsten, die warten nämlich, bis der Markt zumacht und die Verkäufer ab 15 Uhr die Restwaren billig weggeben, da am Samstag alles geschlossen ist. Wer geht denn überhaupt noch auf den Markt? Warum gerade diese Menschen treffen? Warum mich angreifen? Bin ich in den Augen der anderen Seite nicht genauso Feind wie Scharon? Links,

Rechts, spielt das überhaupt noch eine Rolle? Was passiert, wenn nun beide Seiten sich genozidalen Phantasien hingeben? Die Interviews mit den Selbstmörderinnen lassen doch wirklich keine Hoffnung aufkommen. Wie sagt sie doch in ihrem Interview: »Ihr weint, wenn Ihr sterbt, und wir feiern.« Glauben Sie, dass mir nicht klar ist, dass solche Feinde kaum zu besiegen sind?

Nun bin ich in der privilegierten Position, einer globalen Elite anzugehören. Mein frame of reference ist universal, es sind die Menschenrechte, es ist die Gerechtigkeit, und als mehrsprachiger Akademiker kann ich sogar weggehen, wenn wirklich alle Stricke reißen. Für über neunzig Prozent der jüdischen Bevölkerung ist das keine Option. In ihrem Bewusstsein geht es um das einzige Zuhause, geht es darum, dass die Kinder sicher aus der Schule kommen, dass man sich sicher, verdammt noch mal: wenigstens nur sicher fühlen kann, wenn man auf die Straße geht. Die Rechnung des Terrors ging in der Hinsicht nicht auf; ich bin überzeugt, dass die Terroristen kühl und zynisch damit rechneten, die Israelis weichklopfen zu können, sie so mürbe zu machen, bis sie zu den gewünschten Konzessionen bereit sind. Das Gegenteil ist eingetreten. »Wir« sind grausamer geworden, noch kompromissloser, noch viel mehr bereit, der anderen Seite zu beweisen, dass wir der Grausamere sind. Nur so ist die Grausamkeit der israelischen Armee bei diesem Vorstoß zu erklären, die ganz bewusst die globale Sympathie aufs Spiel setzt als Taktik, als Gegenterror. Was wird es bringen? Ist noch überhaupt nicht abzusehen. Die eigentliche Tragödie ist die Fehleinschätzung der Palästinenser, die andere Seite »weichklopfen« zu können. Wenn man also der Meinung ist, dass die Palästinenser keine andere Wahl als die des Terrors haben, muss man das der anderen Seite auch zugestehen. Ich persönlich bin ganz verzweifelt. Sehe im Moment jenseits des Krieges keine Lösung und glaube nicht mehr an die Kompromissbereitschaft der anderen Seite. Ich gestehe zu, dass wir genug getan haben, um genau diesen Zustand herbeizuführen, aber was jetzt? Und glauben Sie mir, es ist nicht, dass Scharon sein Volk ins Verderben führt, sondern dass sein Volk von Scharon erwartet, unnachgiebig zu sein.

Ihr Natan Sznaider

15. April

Lieber Herr Sznaider,
Sie haben so recht, mit dem einzigen und katastrophalen Zusatz: dass das Gegenteil ebenso stimmt und sich genau deswegen überhaupt kein Ausweg auftun will: dass die Israelis ebenfalls fälschlich angenommen hatten, die Gegenseite durch Besatzung und Terror »weichklopfen« zu können; dass die Bereitschaft der Palästinenser, die israelischen Opfer zu sehen, mit ihnen zu fühlen, aus Gründen, die mir erschreckend verständlich sind, prak-

tisch nicht existiert. Und wenn man den Israelis das Recht auf Gegenwehr zubilligt, kann man es der Gegenseite nicht absprechen, die ja ebenfalls täglich zivile Opfer zu beklagen hat. Wenn ich Ihr Nachbar wäre, würde ich wohl genauso denken wie Sie, und wenn ich in Ramallah lebte, würde ich mich vielleicht über ebenjenen Anschlag freuen oder ihn zumindest mit Achselzucken zur Kenntnis nehmen, der Sie das Leben kosten könnte. Automatic Pilot. Aber wie kommen Sie da raus? Wie kommen Sie raus? Bitte stellen Sie sich diese Frage, immer wieder und nach jedem Anschlag neu. Was die arabische Wahrnehmung betrifft, bin ich nach wie vor nicht mit Ihnen einverstanden. Es geht für eine ganz große Mehrheit nicht um die Vertreibung der Juden; es war sehr deutlich zu spüren, und ich habe es in Gesprächen und Mails selbst immer wieder beobachtet, wie sehr viele Palästinenser und Araber auf die Beiruter Initiative gehofft hatten, die in Israel offenbar völlig ignoriert oder noch verzerrter dargestellt worden ist als in Deutschland, soweit ich das von Freunden in Jerusalem höre. Wer in Israel war bereit, dem eine Chance zu geben? Stattdessen marschiert Scharon am gleichen Tag in Ramallah ein, ich weiß, wegen eines verheerenden Anschlages. Aber die Pläne lagen doch längst vor, die Ansicht war da, und das Timing hätte aus Sicht Scharons gar nicht besser sein können.

Herzlich und besorgt bin ich Ihr Navid Kermani

Lieber Herr Kermani,

auf jeden Fall glaube ich Ihnen, dass die genozidalen Phantasien der anderen Seite nicht von einer Mehrheit getragen werden, und ich weiß auch, dass es gerade meine bürgerliche Existenz ist (Kleinfamilie, Auto, Uni, Urlaub, Musik etc.), die die Menschen in den Flüchtlingslagern verrückt machen muss. Mir ist klar, wer der Unterdrücker und wer der Unterdrückte ist, aber dieses politische Gefälle kann man leider nicht in ein moralisches umwandeln. Der Unterdrückte ist nicht gleichzeitig gut und der Unterdrücker böse. Diese moralische Eindeutigkeit zwischen Täter und Opfer gab es so gut wie nie in der Geschichte.

Ihr Natan Sznaider

16. April

Lieber Herr Sznaider,

Sie haben gewiss recht: Täter und Opfer sind in diesem Konflikt überhaupt nicht so eindeutig zu unterscheiden, aber etwas dagegen sehr wohl, und da muss nach wie vor jede Lösung ansetzen: Besatzer und Besetzte. Das ist ein politischer Unterschied, nicht zwingend ein moralischer.

Was mich an Ihren E-Mails erschüttert, ist gerade, dass ich an dem Prozess, den Sie in Ihrer vorletzten Mail benennen, teilhaben durfte, dass ich ihn – wie politisch falsch und verheerend ich ihn auch finden muss von hier aus – auch verstehe. Ich habe Sie in Haifa erlebt, und ich spüre, dass etwas seitdem mit Ihnen geschehen ist. Mir selbst würde es womöglich sehr ähnlich ergehen. Gerade weil ich es Ihnen nicht vorwerfe, macht es mir Angst.

Wie immer herzlich bin ich Ihr Navid Kermani

25. April

Lieber Navid,

auch mir macht es Angst, glauben Sie mir. So habe ich mir das nicht vorgestellt. Ich wollte gerne ein aufgeklärter Europäer im Nahen Osten sein, wollte lieber in einem gerechten liberalen Ort leben, der es mir ermöglicht, jüdischer Kosmopolit zu sein – ja sogar eine Art Diasporaexistenz im eigenen Land aufrechterhalten zu können. Geht das überhaupt noch? Wie hoch kann der Preis für das eigene Überleben sein? Wenn ich mir so sicher wäre, dass die Brutalität des hiesigen Konflikts eine Funktion nur der Besatzung sei, die Welt wäre ja in Ordnung. Aber ich habe diese Sicherheit verloren. Es geht um das Überleben – und dann fällt das »gute Leben« unter den Tisch. Mit Angst sehe ich die Entwicklung hier – wie sehr auch unsere Seite bereit ist, demokratische und liberale Prinzipien dem Überleben unterzuordnen. Wenn ich sehe, dass die andere Seite bereit ist, vierzehn- und fünfzehnjährige Kinder als Bomben zu benutzen, wenn ich die Bilder im Fernsehen sehe, wie man mit eigenen vermeintlichen Kollaborateuren umgeht, wie ihre Leichen durch die Straßen gezogen werden, wie man sich über die Körper mit einer Blutlust hermacht, wird mir angst, dass dies meine Nachbarn sind und sein werden und dass wir natürlich auch unseren Anteil an dieser Brutalisierung haben. Doch gab es in der Geschichte immer wieder unterdrückte und hoffnungslose Menschen, die nicht so brutal reagiert haben. Wie erklären Sie sich das? Und wie kann man so etwas mit Liberalismus entgegnen? Werde ich wirklich zum Ebenbild? Auch als jemand, der immer glaubte, dass internationales Recht neue Solidarität schaffen kann – warum fürchte ich, dass alles, was hier geschieht, von außen nur als israelische Unterdrückung gegen arme Palästinenser verstanden werden wird? Kein Wunder, dass die israelische Regierung nicht mit der UNO-Kommission zusammenarbeiten will.

Jeder weiß, ganz egal, was wirklich geschehen ist, dass Israel am Ende als Kriegsverbrecher dastehen wird. Warum? Sind wir wirklich schlimmer als alle anderen Unterdrücker dieser Welt?

Ihr Natan

Lieber Natan,

verzeihen Sie, dass ich mich jetzt erst melde. War in Indonesien und damit nicht nur geographisch sehr weit weg vom Nahostkonflikt. Auf dem Rückflug empfingen mich die deutschen Zeitungen mit dem gleichen Lamento über den wachsenden Antisemitismus und der unverhältnismäßigen Kritik an Israel, worüber ich mich schon vor meinem Abflug ausgelassen habe. Wieder sah ich die Kritik an der Kritik, aber die angeblich so unverhältnismäßige Kritik selbst ist bis auf ein paar stetig wiederholte Interviewsätze von Möllemann, Blüm und zwei, drei anderen ein Phantom – jedenfalls in den deutschen Zeitungen. Ein Autor schrieb in der *Welt*, dass es überall auf der Welt Konflikte mit weit höheren Opferzahlen gebe und es nicht rational zu erklären sei, warum man nur Israel so viel Aufmerksamkeit schenke. Ist es nicht schrecklich, sich auf eine solche Argumentation einzulassen, die ja auch in Ihrer letzten Mail durchschimmert: Die anderen sind ebenfalls böse, und erst recht die Palästinenser. Es geht mir nicht um eine moralische Überlegenheit der Palästinenser, so was ist Quatsch. Es geht um Recht und Unrecht. Und Israel begeht ein fundamentales Unrecht an den Palästinensern, das durch keinen noch so grausamen Akt des Terrors zu Recht und weder durch die Ungerechtigkeit der Medien noch die Boshaftigkeit anderer Unterdrücker geschmälert wird. Weshalb flüchten Sie und so viele andere

Freunde Israels sich dahin, dieses Unrecht mit Hinweis auf so viele andere Ungerechtigkeiten zu relativieren, statt es ein einziges Mal in diesen ganzen letzten Monaten vorbehaltlos auszusprechen? Wenn Iran die Menschenrechte verletzt, dann ist es doch für einen Iraner auch nicht die erste Aufgabe, der Welt zu erklären, dass die westlichen Medien ein verzerrtes Bild meines Landes geben und außerdem die Amerikaner Mitverantwortung tragen, weil sie dieses und jenes verbrochen haben. Natürlich ist das Bild verzerrt und haben die Amerikaner an dem meisten schuld, was Iran in den letzten fünfzig Jahren heimgesucht hat – so what? Das ist nicht meine Front. Als ich viel über Iran geschrieben habe, wurde ich immer wieder kritisiert, dass ich ja recht habe, aber so etwas doch dem Ansehen des Landes schaden würde, wenn ich das in allen Details vor einem westlichen Publikum ausbreite. Zum Teufel mit dem Ansehen, habe ich dann immer gesagt. Wichtig ist nur, dass dieses Unrecht endlich aufhört. Und das Einzige, was wir dazu beitragen können, ist, das Unrecht zu benennen. Wenn in meinem Staat solche Dinge passieren, wie ich sie anführe, hat er sogar noch die Ungerechtigkeit verdient, mit der er in der internationalen Öffentlichkeit behandelt wird.

Das Merkwürdige an diesem Konflikt ist, dass er keineswegs so tragisch unlösbar ist, keineswegs von biblischem Ausmaß. Das Merkwürdige ist, dass wahrscheinlich siebzig bis neunzig Prozent beider Völker sich darüber klar sind, wie er zu enden hat: zwei Staaten, gemeinsame Hauptstadt, Schluss mit den Siedlungen, kein Rückkehrrecht, aber eine Anerkennung des erlittenen Unrechts und so weiter. Als ich durch Israel und Palästina gereist bin, waren sich fast alle einig, dass es am Ende dazu kommen wird.

Mit herzlichen Grüßen bin ich Ihr Navid

13. Mai

Lieber Navid,

ich habe den Eindruck, dass Sie den real existierenden Antisemitismus, der in Europa durch den Nahostkonflikt aufs Neue ausgebrochen ist, herunterspielen. Dabei geht es nicht um Vergleiche, ob der Nahostkonflikt »anders« beurteilt wird als andere Konflikte. Das ist egal. Auch dass die Politik Israels Antisemiten die Gelegenheit gibt, ständig hocherotisiert Scharon mit Hitler und Dschenin mit Nazimethoden gleichzusetzen oder den neuen Patriotismus der Presse in Israel als »Gleichschaltung« zu bezeichnen, mag man als Überreaktion abtun – und das, obwohl sich eine große Partei in Deutschland durch ihre antiisraelische Politik zu profilieren versucht. Kann man alles wegstecken. Nicht viele denken differenziert wie Joschka Fischer und man kann den Leuten vielleicht wirklich nicht zumuten, zwischen Juden und Israelis zu unterscheiden (wie mir ein Radiointerviewer in Deutschland zu erklären versuchte). Hat er mich doch glatt gefragt, ob die Politik Scharons die Übergriffe an Juden und jüdischen Einrichtungen nicht geradezu provoziert. Und als ich ihm versuchte zu antworten, dass es da wohl Unterschiede gäbe, ob man vor der israelischen Botschaft demonstriert oder Juden stellvertretend für Israel auf der Straße angreift, fragte er nur kurz, ob man solche Differenzierungen den Menschen zumuten kann. Was soll man noch dazu sagen: Ja, man kann und man muss. Aber dann bedankte er sich schon noch für das Gespräch.

Der Blick auf Europa war ein ziemlicher Schock hier in Israel. Nicht für die Rechte – ihr kam es gelegen und bestätigte nur, was sie schon immer wusste. Für die israelischen Kinder der Aufklärung war es ein Schock, dass man so fallengelassen wurde und auch bekannte Künstler aus dem linken Spektrum plötzlich ausgeladen wurden. Diese Ernüchterung kam auch auf der letzten Friedensdemonstration hier am Samstag zum Vorschein. Die israelische Linke ist nüchterner geworden. Sie weiß auch, dass nur der Rückzug aus den besetzten Gebieten eine politische Alternative darstellt, aber sie denken, so scheint es mir, nicht nur in moralischen Begriffen (Recht – Unrecht), sondern auch in politischen, und sie wissen, dass sogar ein Rückzug den Konflikt nicht lösen kann und wird.

Und hier kommen wir zu einem springenden Punkt Ihrer Mail: »Israel begeht ein fundamentales Unrecht an den Palästinensern«, sagen Sie. Ein klassisches moralisches Argument. Und mir geht es gar nicht darum, dieses »Unrecht« dadurch zu relativieren, dass andere auch »schlimm« sind. Mich interessieren »andere« in dieser Hinsicht nicht. Aber es ist kein politisches Argument (und noch sind wir nicht so weit, dass wir Politik und Moral einfach ineinander aufgehen lassen können). Denn Recht und Unrecht kennt nur Opfer und Täter, aber es kennt keine Feinde. Wenn ich hier ständig mit der Gewissheit leben muss, dass es Feinde gibt, die am liebsten meine Tochter und mich in die Luft jagen wollen, dann muss man einfach nüchtern sein.

Sie haben recht, dass der Konflikt lösbar ist. Aber nicht so einfach, wie man es sich zu machen scheint. Es wird wohl ein unabhängiges Palästina geben, aber damit wird wohl der Konflikt erst beginnen und nicht aufhören. Denn wenn schon Kolonialismus, dann ist Haifa ebenfalls Kolonie. Die Vorstellung, künftig Nachbar eines Staates zu sein, der von einem Arafat oder seinesgleichen geführt wird, lässt mich ans Auswandern denken. Das Schlimme ist, dass die Alternativen noch schrecklicher sein werden. Kein Wunder also, dass niemand auf der Demo richtig gute Laune hatte.

Ihr Natan

Lieber Natan,

die Analogie zu den Nazis ist offenbar auch in Israel beliebt. So wenig man Dschenin mit Auschwitz vergleichen kann, so schwachsinnig ist die Gleichsetzung Arafat gleich Hitler oder Autonomiebehörde gleich Naziregime, wie sie in Israel immerhin auf Regierungsebene vertreten wird. Und auf die Gefahr hin, dass Sie es mir übel nehmen werden: Wenn ich lese, wie manche Politiker und Rabbis in Israel über Palästinenser sprechen und über die Notwendigkeit, sie sämtlich zu vertreiben (um also einen reinrassigen Staat zu haben), dann wirkt das auf mich schon ziemlich faschistisch. Weshalb regen Sie sich als Israeli über diese keineswegs vereinzelten Meinungen (die entsprechenden Umfragewerte zur Deportation verschlagen mir die Sprache) nicht mehr auf als über die zwei Sätze des Herrn Möllemann? Das politische Kalkül der FDP, das Sie alarmiert, besteht bislang aus einem Interview mit ihm und einem ehemals grünen Landtagsabgeordneten namens Karsli. Alle anderen Stimmen aus der FDP üben sich brav im Gesinnungsgehorsam. Ich muss das so nennen, weil sie natürlich anders denken, als sie sprechen; das genau ist die Folge davon, dass man jeden Tag fünf Artikel über den neuen Antisemitismus in Deutschland liest – an deren Meinungen ändert das nichts, schon gar nicht an den antisemitischen, nur an der Bereitschaft, sie öffentlich zu äußern.

Manchmal habe ich das Gefühl, dass selbst unsere Stille Post nur möglich ist, weil nur einer von uns beiden am Geschehen direkt beteiligt ist. Wenn auch ich persönlich litte und um das Leben und die Zukunft meiner Familie bangen müsste, so wie Sie es leider tun müssen, wäre ich wahrscheinlich so emotional, dass ich vieles von dem, was Sie schreiben, einfach nicht verstehen könnte. Stimmt es eigentlich, dass sich das Klima für kritische Stimmen in Israel rapide verschlechtert hat, wie ich immer wieder lese?

Herzlich, Ihr Navid

14. Mai

Lieber Navid,

Ihre letzte Mail bricht viele Fragen auf, die ich versuchen will zu beantworten. Sie sagen, dass Sie von einer Verschlechterung des Klimas für kritische Stimmen in Israel gehört haben. Ja, man liest sogar von der »Gleichschaltung« der israelischen Medien. So schlimm, wie sich das manche linke Israelis wünschen, ist es noch lange nicht. Natürlich ist das »Gesprächsklima« hitziger geworden, wie auch die Lage selbst. Natürlich versucht die Regierung, so viel Konsens wie möglich zu erzeugen, natürlich sind die kritischen Stimmen leiser geworden, aber deshalb von Verfolgung oder sogar Hetzjagd zu reden, ist reichlich verfrüht. Wie immer ist alles etwas komplizierter. Gerade in den Universitäten geht es heiß her. Mit dem klinischen Tod des deutschen Universitätsprotestes ist das kaum zu vergleichen, und da es hier nie ein Berufsverbot für Linke gegeben hat, herrscht an den Universitäten ein Meinungspluralismus, den ich sehr beeindruckend finde – gerade auch in Kriegszeiten. Viele der kritischsten Stimmen Israels kommen ja aus der Universität und unterrichten dort – besonders in den Sozial- und Geisteswissenschaften –, und viele dieser Kritiker verstehen ihr Katheder als Ort, politische Predigten zu halten. Nun sind sehr viele Studenten Reservisten oder sie haben Freunde, Brüder, Bekannte in der Armee, um die sie täglich bangen müssen. Gerechtfertigt oder nicht, haben viele dieser Studenten keine Lust, sich anzuhören, dass israelische Soldaten Faschisten und Kriegsverbrecher seien, was aber viele Dozenten nicht davon abhält, ebendiese Ansichten laut und deutlich zu verkünden. Das hat zu Reibereien geführt und auch zu kläglichen Versuchen, diese zu verhindern. Aber nichts ist hier gleichgeschaltet. Ja, die Zeitungen und das Fernsehen sind patriotischer geworden, aber ich glaube, dass Sie Ihre Eindrücke vom Februar auch jetzt noch bestätigt fänden. So schlimm steht es noch nicht um die kritische Öffentlichkeit. Zu Ihrem anderen Argument: Sie haben recht, die Nazimetaphern fliegen in alle Richtungen, und auch hier wird damit schlechtgläubig umgegangen. Die Behauptung, dass die Araber Nazis und Hitler und Arafat eins sind, hat in Israel eine lange Geschichte. Ich weiß selbst nicht genau, wie man die Kritik und Phobie auseinanderhalten und den Vorwurf des Antisemitismus vom Antisemitismus unterscheiden soll. Und vielleicht haben Sie auch recht, dass Menschen, wenn man ihnen lange genug vorwirft, Antisemiten zu sein, den Vorwurf dann am Ende zurückwerfen.

Israel ist in einer prekären Lage und bewegt sich fast schon geistesgestört auf einen Abgrund zu. Teils bewegt sich das Land selbst dorthin, teils wird es von den gleichfalls gestörten Palästinensern dorthin getrieben. Die Rechnung der Wahnsinnigen geht auf: Israel wurde durch die voraussehbaren Reaktionen auf den Terrorismus dazu gebracht, international zu einem Pariastaat zu werden. Jetzt stehen wir da als Kriegsverbrecher, Anti-Demokraten, Rassisten, sogar Faschisten. Wir laden die UNO aus und behaupten, dass die internationale Moral eine antisemitische Konspiration sei. Wenn man dabei bedenkt, dass es ohne diese internationale Moral und ohne die UNO vielleicht keinen Staat Israel gäbe, wird das noch verrückter. Ohne internationale Moral und auch ohne das schlechte Weltgewissen für das Verbrechen, das an den Juden begangen worden ist, gäbe es gar keine internationale Legitimität für Israel, denn die Welt hat berechtigte Probleme damit, Gottes Versprechen an uns als politische Legitimation anzuerkennen. Das heißt, ohne das internationale Recht wäre unser Dasein hier nicht legitimer als das der Franzosen in Algerien, da die Selbstlegitimation nicht anerkannt wird. Es ist ein kompliziertes Spiel, aber ich habe das Gefühl, dass die palästinensischen Bomber genau das erreichen wollten. Und sie haben es schon fast geschafft. Mir ist noch einmal die Frage durch den Kopf gegangen, die Sie erwähnen und die viele Israelis vorwurfsvoll an »die Welt« stellen: Warum nur wir, warum schaut man nur auf uns und nicht auf andere Konflikte? Wir wollen nicht mehr, als mit gleichen Maßstäben wie andere gemessen werden. Und wenn das nicht geschieht, ist es für uns Antisemitismus. Erlauben Sie mir, Navid, die Ansicht, wir müssten endlich als normaler Staat behandelt werden, ohne den Nimbus der Einzigkeit, ins Gegenteil zu wenden. Ja, wir sind einzigartig. Vielleicht ist Israel der einzige Staat, der seine Existenz der internationalen Moralität verdankt, der befürwortet worden ist als Kompensation für das Verbrechen an den Juden. Damit aber lastet auch eine einzigartige besondere Verantwortung auf Israel. Israel wird (und soll) anders gemessen werden, weil es ein besonders moralischer Staat sein soll. Hätte es die Revolution in der Weltmoralität nach 1945 nicht gegeben, hätte Israel keine Legitimation. Das alles verkompliziert die gegenseitigen Nazivorwürfe noch viel mehr. Anderseits hat man hier immer wieder davon geträumt, »normal« zu werden – ein Staat, der wie andere Staaten um sein Überleben kämpfen will, wenn er muss.

Verdammt, ich drehe mich im Kreis.

Herzlich, Ihr Natan

Lieber Natan,

im Kreis drehen wir uns ständig, auch wir zwei mit unseren Wutausbrüchen, Hilferufen und Tröstungen, die wir uns gegenseitig zuwerfen. Vor einiger Zeit schien es Ihnen, dass die Rechnung der Terroristen nicht aufgeht; jetzt schreiben Sie das Gegenteil. Gleich bleibt sich aber das Desaströse der Schlussfolgerungen, die sich aus den beiden gegensätzlichen Eindrücken ergeben. Immerhin dringen wir zu einem Kern vor; Sie benennen den neuralgischen Punkt in dankenswerter und für mich aufschlussreicher Präzision: dass Israel für seine eigenen Bürger, vor allem aber für den Westen und besonders für Deutschland derjenige Staat auf der Welt ist, der seine Legitimität der internationalen Moralität verdankt. Das andere, das religiöse Legitimierungsmuster – Land Zions et cetera – würde ohne die nackte, nicht zu relativierende Moralität des jüdischen Anspruches auf ein Leben, das endlich sicher ist, zusammenfallen auf seinen kolonial-fundamentalistischen Körper. Nur mit Blick auf diese Grundkonstellation lassen sich Wahrnehmung und Verhalten sowohl Israels als auch der westlichen Staaten und insbesondere Deutschlands und der Vereinigten Staaten erklären. Die Krux bei der ganzen Sache haben Sie allerdings nicht erwähnt: dass diese Moralität des jüdischen Staates aus arabischer Sicht schlechterdings nicht einsehbar ist, schon gar nicht angesichts der Weise, wie der jüdische Staat gegründet worden und wie er seitdem mit den Arabern umgegangen ist. Aus jüdischer Sicht ist das Argument absolut schlagend, aber aus arabischer Sicht ist es absolut hermetisch. Beide Sichtweisen müssen sich ändern, aber die Konsequenzen, die sich aus diesem Wandel für das je eigene Selbstverständnis ergeben, werden für Israel weitreichender sein.

Herzliche Grüße, Navid

17. Mai

Lieber Navid,

das ist natürlich klar, dass diese Legitimationsformen von der anderen Seite nicht akzeptiert werden können. Sie sind in der Tat hermetisch verschlossen.

Allerdings gab es immer eine Strömung im politischen Zionismus, die im jüdischen Nationalstaat eine Antwort auf das Sicherheitsbedürfnis der Juden sah – gegen Antisemitismus und gegen Pogrome. Da spielten die Grenzen und auch das von Gott versprochene Land keine wesentliche Rolle. Ja, man war sogar Anfang des 20. Jahrhunderts bereit, sich zu überlegen, nach Uganda zu gehen. Aber dann ist da immer wieder die religiöse und historische Komponente. Zionismus ohne Zion ist dann nur noch New York (eine Tatsache, die den antisemitisch angehauchten Antiamerikanern nicht nur nach dem 11. September aufgefallen ist). Das war immer der innerisraelische Konflikt. Dabei haben Sie recht. Das jüdische Argument ist nicht akzeptabel für die andere Seite. Aber Israel kann auch von diesen Prinzipien nicht abweichen. Dann bleibt noch, was auch einige Palästinenser vorschlagen: Die Juden können eine anerkannte Minderheit im arabischen Raum sein, in einem gemeinsamen multiethnischen und multireligiösen Staat, aber jüdische Souveränität darf es dann nicht mehr geben. Das wird hier keiner zulassen. Also muss wohl am Ende die ganze Angelegenheit ohne Legitimation funktionieren. Es wäre schon ein Fortschritt, wenn man wenigstens seine Feindschaft entmythologisierte, während man weiterkämpft.

Keine guten Aussichten. Denn der Terror wird weitergehen und somit auch die Reaktion auf den Terror.

Ihr Natan

20. Mai

Fragt sich nur, was der Terror und was die Reaktion ist; oder besser gesagt: Dass man sich überhaupt noch die Frage stellt und beide Seiten sie auch noch gegenteilig beantworten, ist schon das ganze Problem.

In Freundschaft grüßt Sie Ihr Navid

Womit wir wieder beim Anfang unseres Kreises ange-
langt sind, aus dem nicht einmal wir zwei herauskön-
nen.

Einen ebenso freundschaftlichen Gruß
von Ihrem Natan

Navid Kermani, geboren 1967 in Siegen, lebt in Köln. Für sein literarisches und essayistisches Werk wurde er vielfach ausgezeichnet, unter anderem mit dem Friedenspreis des Deutschen Buchhandels. Zuletzt erschien bei Hanser: *Das Alphabet bis S* (Roman, 2023).

Natan Sznaider, 1954 in Mannheim geboren, ist emeritierter Professor für Soziologie an der Akademischen Hochschule in Tel Aviv. Zur Zeit des Briefwechsels 2002 lebte er in Haifa. Bei Hanser erschien: *Fluchtpunkte der Erinnerung. Über die Gegenwart von Holocaust und Kolonialismus* (2022).

Eine gekürzte Fassung dieser Korrespondenz erschien im Sommer 2002 in der Zeitschrift *Lettre International* (Heft 57).